HISTOIRES
de princesses et de chevaliers

FLEURUS

Sommaire

Un tournoi extraordinaire

Il était une fois un jeune chevalier très pauvre, que l'on appelait Thibaut sans Terre. Son père avait vendu son château pour partir en croisade. Il ne lui avait laissé qu'un vieux heaume rouillé, une mince cotte de mailles, un écu en bois, une courte épée et… un petit cheval, Flamme.

Sa robe était couleur de feu, et on ne pouvait le toucher sans se brûler les doigts !

Il ruait, se cabrait et décourageait tous les cavaliers excepté Thibaut. Grâce à sa patience et à sa douceur, celui-ci avait réussi à l'apprivoiser et à le monter.

Thibaut partit un jour pour Orléans, où le roi avait organisé un tournoi afin de recruter des compagnons d'armes.

Le riche et cruel comte Cœurdefer voulait lui aussi plaire au roi. Depuis le début de la rencontre, il avait battu tous ses adversaires, terrorisés par le sombre éclat de son armure.

Lorsque Thibaut s'avança pour le défier sur sa petite monture, le seigneur éclata de rire et, sans attendre le signal marquant le début du combat, il éperonna son étalon noir. Le jeune homme fut surpris par cette attaque. Heureusement, Flamme plia aussitôt les pattes avant. Thibaut faillit basculer mais évita ainsi de se faire embrocher par la lance de Cœurdefer. Entraîné par sa lourde armure, le seigneur fut désarçonné et s'assomma en tombant. Thibaut avait gagné la première manche du tournoi.

De retour dans son château,
Cœurdefer était fou de colère.
– C'est cet animal diabolique
qui a permis à son maître
de triompher. Il me le faut ! hurla-t-il à ses serviteurs.
Ramenez-le moi à n'importe quel prix !

Dix hommes d'armes allèrent trouver Thibaut qui campait
au pied des murailles d'Orléans, à l'ombre d'un grand saule
dont les ramures pleuraient sur la Loire.
– Flamme n'est pas à vendre, répondit-il à l'écuyer
du comte qui lui proposait en échange une fortune.

Devant son refus,
trois hommes se saisirent
de lui pendant que
les sept autres tentaient
de s'emparer du cheval.

Ils attachèrent Thibaut au saule et endormirent
Flamme à l'aide d'une lance empoisonnée.

Cœurdefer pensait que Flamme lui obéirait facilement. Mais plus il faisait claquer son fouet de cuir, plus le cheval se cabrait. Les hommes d'armes ne pouvaient s'empêcher d'admirer son courage.

Le soir venu, épuisé, le comte cria :
– Ah, c'est ainsi !
Tu ne veux pas de moi !
Eh bien tu ne seras plus jamais à personne !
Emmenez-le hors de ma vue et tuez-le !

Le cœur lourd, l'écuyer du comte traîna Flamme, affaibli par ses mésaventures, hors du château. Comme il ne se décidait pas à tuer le fier animal, il résolut de l'abandonner aux loups. Il l'emmena au plus profond de la forêt, l'attacha à un arbre et partit avant que la nuit tombe.

Les loups hurlaient déjà quand Flamme retrouva ses forces, brisa ses liens d'un coup de rein et partit au galop retrouver son maître.

Thibaut pleura de joie au retour de son fidèle compagnon. Flamme réussit à couper les liens de son maître qui se jeta à son cou.

– Mon ami !
Que deviendrais-je
sans toi !

– Le comte nous a joué un mauvais tour,
mais nous allons lui rendre la monnaie de sa pièce.
Thibaut maquilla Flamme d'un mélange de suie et de poussière afin de cacher sa couleur feu. Puis, après l'avoir nourri, abreuvé et soigné, il s'arma de pied en cap et tous deux reprirent le chemin de la lice.
Cœurdefer allait et venait le long des tribunes, faisant admirer son équipement. Il salua le roi mais celui-ci resta de marbre.
Cœurdefer désarçonna dix adversaires avant de rencontrer Thibaut pour l'assaut final.

Le comte chargea en hurlant :
– Tu m'as volé ma victoire, je vais te la reprendre, Thibaut sans terre et sans monture !
Mais comme sa lance allait transpercer l'écu du jeune homme, celui-ci cria :

– Maintenant, Flamme !

Le petit cheval s'arrêta net. La lance du comte heurta le bouclier et se brisa. Emporté par son élan, Cœurdefer mordit la poussière.
La foule acclama Thibaut qui se présenta en vainqueur devant le roi.
– Chevalier, je vous félicite pour votre bravoure. Vous me feriez grand honneur en vous mettant à mon service. Mais auparavant, dit le roi avec un clin d'oeil, vous me ferez le plaisir de nettoyer votre destrier. Quand on possède pareil animal, on en prend soin !

Les habitants d'Orléans fêtèrent Thibaut comme il se doit. Ce fut le plus beau jour de sa vie ! Cœurdefer, honteux, se retira dans son château et on n'entendit plus parler de lui.

Les tracas du comte

C'est sûr,
Le comte a fière allure,
Sur sa belle monture,
Avec son armure.

Mais il est trop dur,
Personne ne l'aime.
Voilà son problème !

Son cœur est de fer.
Il vit en enfer !

Sans âme,
Et sans Flamme,
Il ne pourra pas
Gagner le tournoi,
Et plaire à la fille…
Du roi.

Un, deux, trois...

Un, deux, trois,
Flamme file tout droit.
Quatre, cinq, six,
Vers la belle lice.

Sept, huit, neuf,
Un écu tout neuf.
Dix, onze, douze,
Une lance toute rouge,
Treize, quatorze, quinze,
Thibaut semble un prince !
Seize, dix-sept, dix-huit,
Ses ennemis prennent la
fuite.

Dix-neuf, vingt, vingt et un,
Thibaut et Flamme enfin,
Vingt-deux, vingt-trois
Remportent le tournoi !

Range-ton-Palais!

Dans le château de la princesse Range-ton-Palais, rien n'est à sa place. Les chaussettes traînent dans les marmites, le trône rouille dans l'étang à truites, le beau miroir doré sert de patinoire aux souris du grenier. Il y a des jouets dans l'enclos du cheval et des cochons dans la salle de bal.

– Ma fille, range ton palais, s'il te plaît !
répète la reine Irène.

Mais Range-ton-Palais ne range jamais.

– Ras la couronne ! hurle sa mère, un matin. Fée du Logis, viens ici !
Débarrasse-moi de ce bazar. Fais donc marcher ta magie !
La fée arrive en voletant ; elle dégaine sa balayette magique et hop !
Tout disparaît. Il n'y a plus une araignée dans le Frigidaire,
plus un bijou dans la soupe aux choux. Plus rien du tout !
– Super chouette ! s'écrie la reine.
Je vais enfin pouvoir faire du patin à roulettes !
– Crotte de biquette ! fait une voix qui vient du ciel.
La reine et la fée lèvent la tête. Tout là-haut, entre les tabourets
du salon et la statue de l'oncle Zébulon, la princesse
Range-ton-Palais a les pieds collés au plafond !
Ses cheveux pendouillent, le bas de sa robe lui remonte au menton
et on voit sa culotte vert grenouille !
– Ma fille, descends de là !

Impossible : Range-ton-Palais est ensorcelée !

Ce jour-là, la princesse s'amuse comme une folle.
Elle joue à chat perché avec le jardinier.
Elle chipe la perruque du cuistot et la cache dans le lustre, incognito !
– Fée, fais quelque chose ! Si elle ne marche pas dans le bon sens d'ici trois jours, tu seras dévorée par le Monstre de la Tour !

La fée se gratte la tête avec sa balayette.
Dans son grimoire secret, elle lit :
– Pour défaire le sort, il faut que la princesse se marie.

Le lendemain, elle va chercher le prince Tarzan. Quand il voit les longs cheveux de Range-ton-Palais qui traînent jusqu'au sol, il s'écrie :

– Génial, des lianes frisées !

Et il attrape les cheveux de la princesse et se balance comme un chimpanzé.

– Au secours ! crie celle-ci.

Fée du Logis, débarrasse-moi de ce ouistiti !

– D'accord, mais tu l'épouses.

– Jamais !

Range-ton-Palais prend des ciseaux et se coupe les cheveux d'un coup ! Tarzan fait un beau vol plané et retombe sur la pauvre fée.

Le deuxième jour
la fée invite
le prince Rikiki
pour le goûter.

Il dévore la pièce montée
et les montagnes de dragées.
Range-ton-Palais boude
dans un coin.

– Et moi, alors ?
– Épouse-le et tu pourras te régaler toi aussi, dit la Fée du Logis.

La princesse se lèche les babines.

Mais non, non, non, elle n'épousera pas cette demi-portion !

– À lui de monter, décide-t-elle.
Qu'on installe un trampoline et il me passera la réglisse à la mandarine !

Rikiki grimpe sur le trampoline,
il saute tant et si bien
qu'il se cogne la tête dans le lustre.
Il voit 36 chandelles et écrase la fée
comme une crêpe aux airelles.
– Encore raté !

Le troisième matin, la fée a une toute dernière idée.
– Range-ton-Palais, ça suffit, annonce-t-elle.
Voici ton dernier choix ; ton mari sera Tarzan,
Rikiki ou celui-là !
Elle ouvre les portes du palais et laisse entrer...
le Monstre de la Tour !
C'est une chauve-souris poilue, dodue et ventrue,
qui s'appelle Ailetordue.
– Attention, prévient la fée, si tu ne te décides pas,
le Monstre te croquera les fesses, princesse !
– Ou les tiennes, ma chère fée,
ajoute la reine Irène.

Mais Ailetordue n'a pas très envie de manger la fée (elle a l'air un peu périmée). Il vole jusqu'au plafond et s'accroche à la corniche par les griffes.

Range-ton-Palais est ravie : pieds en l'air, tête en bas, enfin de la compagnie !
– Je choisis celui-ci !

Alors, tous les meubles, tous les tableaux,
tous les tapis du château retombent
par terre dans un boucan d'enfer.
Range-ton-Palais va tomber aussi,
mais Ailetordue la retient.

– Fée du Logis, dit-il,
un peu de magie, je te prie.
Pour que je puisse continuer
à embrasser ma chérie
sans attraper de torticolis.
Et d'un coup de balayette,
Range-ton-Palais
se retrouve à nouveau collée
au plafond par ses sandalettes.

C'est ainsi que la princesse Range-ton-Palais est devenue Pieds-en-l'Air.
La reine Irène est partie sur une île déserte
pour s'entraîner au patin à roulettes.
La Fée du Logis a changé de métier :
elle organise des goûters pour
les princesses à marier.

L'épée d'or

Il était une fois, dans un château tout au fond des bois, un roi qui refusait de marier sa fille car il était certain qu'aucun époux ne pouvait être assez bien pour elle. Mais, comme la demoiselle réclamait à cor et à cri un mari, il décida d'organiser un concours qu'aucun prétendant ne pourrait jamais gagner. Pour obtenir la main de la belle, il fallait aller chercher une épée d'or tombée au fond d'un lac et accomplir cet exploit en étant vêtu de son armure.

Personne n'était encore arrivé à remonter cette maudite épée à la surface. La princesse se désolait de ne pas être mariée et les chevaliers du royaume étaient reconnaissables à leur triste mine et à leur armure toute rouillée.

Cette année-là, comme à chaque premier jour du printemps, des dizaines de chevaliers se pressaient aux portes du château afin de s'inscrire pour tenter leur chance au concours. Parmi eux, il y avait un petit nouveau. C'était un gringalet mal fagoté dans une armure qui grinçait misérablement à chacun de ses pas. Les autres concurrents ricanèrent en le voyant et lui dirent que, même si par miracle il s'emparait de l'épée, jamais la princesse ne voudrait d'un riquiqui de son espèce.

Mais ces moqueries
ne semblaient pas atteindre le jeune homme.
Il arborait en permanence un grand sourire, car il était amoureux de la princesse et il était sûr qu'elle l'aimait aussi. En effet, quelques mois auparavant, elle lui avait offert son foulard lors d'un tournoi auquel il participait. S'il n'avait pas remporté la victoire, il possédait désormais ce trophée de soie qu'il n'aurait pas échangé contre tout l'or du monde.

Alors que la veille du concours, tous les participants
s'entraînaient au plongeon et à la natation,
le jeune chevalier préféra faire tranquillement
un petit tour au bord du lac.

« S'emparer de l'épée ne semble pas bien compliqué, se disait-il.
Lorsqu'on regarde l'eau, elle paraît si proche, que même un chevalier
nageant comme un bouclier devrait pouvoir la récupérer !
Si depuis tant d'années, personne n'a réussi,
c'est qu'il doit y avoir un truc… »

Le jeune chevalier finit par s'allonger à l'ombre d'un arbre bordant le lac. Soudain, comme s'il venait d'être frappé par la foudre, il se dressa sur ses jambes et se frappa le front. Il venait de tout comprendre…

Le lendemain, de bon matin, une centaine de chevaliers se massaient déjà sur les berges du lac. Un chambellan, entièrement vêtu de rouge, commença à attribuer un numéro à chaque participant. Bien sûr, des disputes éclatèrent car chacun voulait être le premier à sauter.

À midi, après une énorme pagaille, on put enfin commencer. Le jeune chevalier avait le dernier numéro, ce qui ne semblait pas du tout le contrarier. Patiemment, il attendit que tous ses adversaires sautent dans l'eau et en ressortent aussi trempés que bredouilles.

Observant ce pitoyable spectacle, le roi se frottait déjà les mains en se disant que, cette année encore, il n'aurait pas de mariage à organiser…

Le tour du jeune chevalier arriva enfin. À la surprise générale, il ne s'approcha pas du lac et, au contraire, lui tourna le dos pour avancer vers un grand chêne. Arrivé au pied de celui-ci, il commença à en escalader le tronc et disparut bientôt dans ses branches.

À la stupeur générale, quelques instants plus tard, il réapparut en brandissant fièrement l'épée d'or. Celle-ci n'était pas dans l'eau. L'image que l'on voyait dans le lac n'était que son reflet !

Lentement, il descendit de son perchoir et s'avança vers le roi dont le visage était aussi rouge que le coussin de velours sur lequel il était assis. Mais, bien que très fâché, celui-ci fut obligé de tenir sa promesse. Il donna donc la main de sa fille au petit chevalier qui la garda précieusement dans la sienne jusqu'à la fin de ses jours.

Rita

Rita, c'est une petite bouille de grenouille toute verte.
Ce soir, elle grignote un moucheron en regardant la lune.
Elle traîne sur son nénuphar, tranquillement,
quand un cri lui vrille les oreilles,
le dos, les doigts de pieds.

– Qu'est-ce qui se passe ici ?
Rita, quand on la dérange à l'heure du dessert,
elle veut savoir de quoi il s'agit.
Elle se faufile derrière les roseaux.
Hé bien, ce soir-là, c'est une dame qui crie,
une toute petite madame,
coincée dans une toile d'araignée,
et qui n'a pas l'air disposée à s'arrêter.

Oui, d'accord, la propriétaire, une grosse poilue à six yeux,
marche vers elle en se léchant les babines.
Mais c'est vraiment une raison pour faire un bruit pareil ?

– En plus, cette araignée, elle a plutôt l'air appétissante, non ?
Rita n'a plus très faim, mais bon, on ne laisse pas passer une friandise comme ça. Un petit coup de langue, et hop, Rita attrape l'araignée et la mâche goulûment en regardant la petite madame qui se recoiffe.
Si ça se trouve, comme dans les livres, c'est une fée en plus.
« Haha ! » Rita glousse en mangeant la dernière patte.

– Tu m'as sauvé la vie,
lui sourit la petite madame,
les yeux brillants.

« Hou là, se dit Rita.
Elle m'a l'air pire que dans les livres. »
– Laisse-moi te remercier. J'ai une idée…
Et swouff ! Rita se met à grandir, grandir,
plus haut que les canards, plus haut que les roseaux,
plus haut que les buissons. Elle a une peur bleue !
La fée, elle, est très satisfaite.
Rita s'endort aussi sec.

Rita se réveille le lendemain, le soleil dans le nez.
Elle se sent toute bizarre. Hihi, ce rêve avec une fée...
« Mais ? Iik ! » Rita voit cinq petits boudins roses à la place
de ses trois jolis longs doigts verts. Et en plus, tout ça,
ça ne brille pas comme sa peau à elle !

Rita a peur.
Elle s'approche, doucement,
tout doucement de sa mare
qui lui paraît bien petite.
Et, dans le reflet de l'eau,
elle voit une tête toute rose,
avec de longs poils jaunes dessus,
et puis des grandes pattes,
et une immense robe.

Rita comprend vite qu'elle n'a pas rêvé,
la petite madame d'hier soir
l'a vraiment transformée en princesse.
Elle reste là, bouche bée, assise dans la vase.

– Drôle d'endroit pour une princesse, lui lance un chevalier,
très fier de lui, en lui tendant la main.
« Allons bon, qui c'est celui-là ? »
– Venez, je vais vous emmener en lieu sûr.
Elle n'a pas le temps de dire « nénuphar »
que le chevalier l'attrape par le bras
et la cale sur son cheval
pour l'emmener au château.

Le soir, tout le monde s'affaire autour d'elle.
On ne se demande pas longtemps d'où elle sort.
Apparemment, on la trouve jolie.
« C'est déjà ça », se console Rita.
Après un bain et des habits neufs pleins de pompons,
on lui propose des poulets grillés aux onze épices,
des veloutés de poissons des mers du Nord,
des tourtes au homard, des pièces montées à la fraise,
des meringues triple crème à la noix de coco.
Elle, elle se mettrait bien un petit moucheron sous la dent.
Mais elle n'ose pas demander : elle a toujours été très polie.

On parle, on danse,
on veut la voir.
Ça fait beaucoup d'un coup,
elle qui d'habitude évite
ces grands dadais d'humains.
Épuisée, Rita s'effondre
dans un immense lit,
tellement moins doux
que son nénuphar.

Elle se réveille dans la nuit, bien décidée à passer à l'action.
Hors de question de rester dans ce corps de princesse,
dans ce château, dans cette vie !
Elle descend sur la pointe des pieds,
et court dans l'ombre jusqu'au bois.

Et là, au milieu, Rita hurle :
« J'ai besoin d'une fée ! Pitiééé ! »
si fort que les habitants de la mare
ne s'entendent même plus mâcher…

Une fée du coin, en pleine lecture
de son magazine préféré,
se décide à sortir de chez elle.

– Bon, qu'est-ce que je peux faire pour vous, mam'zelle ?

Je veux mes pattes vertes,
ma langue qui colle
et ma bouille de grenouille !
– Ah ? Si c'est que ça.

Swouff.
Et à la place de la princesse, les fesses dans la vase, apparaît une petite grenouille toute verte qui sourit.
Elle se trouve nettement plus jolie, Rita, avec sa peau lustrée.
Alors pour fêter ça, elle croque une araignée.

Peur au ventre !

Ventranlair, Ventraterre et Ventrevert étaient trois preux chevaliers.
Preux n'est pas le bon mot. Peureux serait plus juste.
Ils avaient peur de tout ; or pour un chevalier avoir peur, c'est comme pour un phoque avoir froid : cela ne se fait pas !

Mais nos trois chevaliers n'y pouvaient rien… Ils étaient nés comme ça.
Le seigneur de Baudruche, qui les avait adoubés, en savait quelque chose !
Lui-même tremblait comme une feuille au vent dès qu'il devait s'aventurer hors de sa chambre.

Au pays de Baudruche, pour se protéger de la peur, on avait banni le danger.
Tout ce qui était considéré comme risqué : monter à cheval, tuer le sanglier, se battre à l'épée, sortir la nuit dans la forêt, sortir tout court – même de jour – hors des remparts… tout cela était proscrit.

À la place, on passait son temps à faire la fête, en musique et en ripailles ; à condition de ne jamais manger de poisson, car l'un des archers de Baudruche avait failli s'étouffer en avalant une arête de travers.

Ventranlair, Ventraterre et Ventrevert coulaient donc des jours heureux. Le courage ne leur manquait jamais quand il s'agissait d'attaquer à belles dents une oie farcie ou de passer à la broche un cochon.
Mais cette paisible existence fut bientôt menacée.

Le seigneur de Ricochet, qui devait s'ennuyer sans doute, déclara subitement la guerre à son voisin Baudruche. Il envoya par boulet une missive qui disait : « Dans trois jours, j'envahis vos terres ! » Branle-bas chez les chevaliers ! La guerre, ils ne savaient pas à quoi ça ressemblait... Mais il leur fallait défendre leur seigneur et les leurs. Il en allait de leur honneur !

– Commençons par nous remettre en selle ! proposa Ventraterre à ses deux compagnons.
Ils sortirent leurs chevaux de l'écurie et chacun eut besoin de deux écuyers pour l'aider à enfourcher sa monture. Car à force de festoyer, ils étaient devenus dodus et maladroits…
Pauvres chevaux ! Ils ployaient sous leur poids !
– Allons donc faire un tour hors des remparts ! s'enhardit Ventrevert.
– Mettons nos heaumes d'abord ! On ne sait pas ce qui peut nous tomber dessus !
– Quoi ! il fait déjà nuit ? s'écria Ventranlair.
– Mais non, triple buse ! Tu as mis ton heaume à l'envers !
Du haut de son donjon, le seigneur de Baudruche observait ses chevaliers avec inquiétude.

À peine le pont-levis franchi, les chevaux, qui n'avaient pas vu le ciel ni les prés depuis longtemps, furent pris d'une irrésistible envie de galoper. Malgré la lourdeur de leurs cavaliers, ils partirent comme des flèches.

– Tout doux ! avait beau crier Ventraterre.

À bride abattue, les chevaux fonçaient vers… Ils fonçaient vers l'ennemi ! Vers les terres de Ricochet ! Impossible de les faire changer d'avis !

Ventrevert tremblait tellement qu'il en perdit ses étriers
et ses jambes battaient l'air, comme celles d'un pantin désarticulé.
– J'aime mieux ne pas voir la suite ! décréta Ventranlair,
qui leva son bouclier devant lui.

La suite, pourtant, leur fut propice.
Le guetteur de Ricochet aperçut depuis sa tour des chevaux emballés, flanqués de trois chevaliers hurlants et gesticulants. Il n'eut que le temps de sonner l'alarme.

– Aux abris ! On nous assiège ! L'armée de Baudruche approche !

Lorsque les chevaux hennissants, écumants, ivres de leur galop fou, s'arrêtèrent devant les portes massives protégeant Ricochet, le Seigneur cria :
– Chevaliers, nous nous rendons ! Baudruche a gagné la guerre. Mais nous vous demandons grâce !
Ventranlair, Ventraterre et Ventrevert se regardèrent, stupéfaits.
– Grâce accordée ! répondit Ventraterre d'une voix qu'il essaya de rendre autoritaire.

Et les voilà repartis sur leurs destriers calmés, la tête haute et les cheveux en bataille, l'air de trois épouvantails. Ils furent accueillis chez eux avec des cris de joie et un monceau de victuailles.

Le lendemain, le seigneur de Baudruche envoya au seigneur de Ricochet un gros poulet porteur de ce message : « Pour fêter la paix, venez demain ripailler en mon château ! »
Ce dernier ne se fit pas prier.
Il rapporta même la lance de Ventraterre, le bouclier de Ventrevert et le heaume de Ventranlair.
– Je les ai ramassés sur le chemin ! s'étonna-t-il.
– Mes chevaliers sont si preux, qu'ils se passent aisément de tous ces harnachements ! répliqua Baudruche. Et dans un geste fier, il leva sa timbale à leur courage exemplaire.

Princesse en trois leçons

Aujourd'hui mercredi,
toute seule à la maison,
Anastasia s'ennuie.
Anastasia veut
devenir princesse,
mais ne sait pas comment.

– Papa n'est pas roi,
il est marchand de bois.
Maman n'est pas reine,
elle vend de la laine.
Quant à mon frère, oh là là !
celui-là, il n'est pas prince,
loin de là !
Il donne des coups de pied,
mange ses crottes de nez,
capture mes poupées,
non, vraiment non,
de ce côté-là,
je ne suis pas gâtée.

Mais Anastasia ne désespère pas.
– Le voisin m'a dit : « Anastasia, c'est un nom de princesse, ça ! » J'ai déjà le nom. Pour le reste, je ne compte que sur moi.

Anastasia prend trois sous
dans son porte-monnaie et file
chez le marchand de presse.
– Bonjour monsieur.
Vendez-vous des livres
de princesses ?
– Bien sûr, mademoiselle.
J'en ai tout un rayon.
« La Belle au bois dormant »,
la « Princesse au petit pois »,
« Cendrillon »…

– Non, non, dit Anastasia.
Je veux un livre qui apprend comment devenir princesse.
J'ai déjà le nom, mais pour le reste, je ne compte que sur moi.
Papa n'est pas roi, maman n'est pas reine, quant à mon frère,
oh là là, celui-là, je ne vous en parle même pas !

– J'ai ce qu'il vous faut :
« Devenez princesse en trois leçons ».

Le livre sous le bras,
Anastasia file à la maison.

« Première leçon :
pour devenir princesse,
il faut impérativement
une robe de princesse,
une robe longue et dorée. »

– Zut, je n'ai pas
de robe longue. Je sais !
Je prends le tissu doré
qui couvre le canapé.
Maman n'est pas
encore rentrée.
Tant pis.
Je suis sûre
qu'elle me
l'aurait donné.

Aussitôt dit, aussitôt fait.
Trois coups de ciseaux
pour le col et les manches :
une vraie robe de princesse,
qui descend jusqu'aux pieds.

« Deuxième leçon :
sauf exception, les princesses
ne vont pas nu-pieds.
Elles ont des chaussures à talons,
de vair, de ciel ou de coton. »

– Zut, je n'ai pas de chaussures à talons. Je sais !
Je vais coller les Lego de mon frère sous mes baskets,
les peindre, et tout recouvrir de coton.
Mon frère n'est pas là.
Tant pis.
Il a capturé ma poupée préférée, la pauvre
est prisonnière de guerre.

Aussitôt dit, aussitôt fait.
Trois pots de colle, trois coups de pinceaux :
de vraies chaussures de princesse, à talons hauts,
couleur coton.

« Troisième leçon : les princesses, sauf exception, ne vont pas à pied. Elles roulent en carrosse tiré par des chevaux bien peignés. »

– Zut ! Je n'ai pas de chevaux, pas de carrosse. Je sais ! Papa a une brouette toute neuve. Je vais peigner les deux caniches du voisin, leur faire des câlins, ils me serviront de montures, c'est sûr. Papa n'est pas rentré, le voisin n'est pas là. Tant pis ! Il est content quand je câline ses chiens. Et papa sera fier que je ne compte que sur moi pour devenir princesse.

Aussitôt dit, aussitôt fait.
Anastasia sort dans le jardin,
appelle les deux caniches du voisin qui,
dociles, se laissent gentiment peigner,
décorer les oreilles de beaux rubans dorés.
Deux bouts de ficelle à leur collier, et hop !
les voilà attachés chacun à une poignée
de la belle brouette chromée.

– Maintenant, je suis prête.
Je suis enfin princesse.
Je monte dans mon carrosse, je fais le tour de mon royaume, au petit trot. Quand le roi et la reine rentreront au château, ils seront éblouis. Ils salueront leur fille princesse, lui feront révérences, compliments et caresses.
Mon frère le prince me demandera pardon. Il me baisera la main comme un vrai fils de roi, me rendra ma poupée, et jouera avec moi.

Mais Anastasia a eu une si longue journée, une journée de princesse si occupée, qu'elle s'endort exténuée au milieu du jardin, dans son carrosse chromé. Ses deux petits chevaux frisés, bien peignés, s'allongent à ses pieds, fatigués d'avoir ainsi tiré brouette par les allées.

Et c'est ainsi,
qu'en cette belle fin
de mercredi après-midi,
c'est une princesse endormie
dans le tissu doré du canapé
que découvrent
papa et maman,
bouche bée.

Ébloui, le roi prend sa fille dans ses bras
et la porte dans son lit.
Attendrie, la reine va la border.
Ému par tant de beauté, le prince lui fait un bisou
sur le nez, et lui pose sa poupée préférée sur l'oreiller.

Princesse, princesse d'or

Princesse, princesse, danse.
Fais ta révérence,
Et le fils du roi
Dansera avec toi.

Princesse, princesse, dors
Dans ta robe d'or,
Et le fils du roi
Rêvera avec toi.

Le bal des princesses

D'où viens-tu ?
Princesse aux pieds nus,
Princesse au p'tit pois,
Dis-le moi.

Que veux-tu ?
Princesse en tutu,
Princesse en colère,
Dis-le moi.

Princesse câlin,
Princesse chagrin,
Tu as trop dansé.
Le bal est fini.
Laisse dormir tes souliers.

Le chevalier du cœur

Au château de Fougasse, le marquis de Tartas se faisait vieux. Il voulait marier Blanche, sa fille unique à laquelle il tenait comme à la prunelle de ses yeux.

Il décida alors d'organiser un grand tournoi pour départager les prétendants de la belle marquise. En effet, il voulait l'unir au meilleur parti qui soit : un chevalier courageux et fidèle.

Le grand jour arriva.
Des centaines de chevaliers s'étaient déplacés pour ravir le cœur de la jeune marquise. Armés de pied en cap, ils prirent place sur le champ de bataille.
À la tribune, le marquis de Tartas donna le signal d'attaque. Les chevaliers s'élancèrent sur leurs destriers et les lances s'entrechoquèrent. Les plus faibles furent bientôt à terre. Mais le combat se poursuivit en duel à l'épée dans un terrible fracas de métal.

Après des heures de rixe, les chevaliers abandonnèrent les uns après les autres. Seuls les deux plus valeureux d'entre eux résistèrent : Baudoin et Herbert. Ils combattirent des heures entières jusqu'au matin. Mais malgré leurs féroces coups d'épée, tous deux parvenaient à demeurer en selle.

– Il est impossible de les départager ! s'écria le jury.

Le marquis de Tartas sonna la fin du tournoi et ordonna un nouveau combat dans l'après-midi. Celui qui l'emporterait prendrait Blanche comme épouse, et vivrait avec elle au magnifique château de Flamiche. À la tribune, la marquise se demandait sous quel casque se cachait son futur chevalier servant !

Durant la trêve du déjeuner, Baudoin s'entraîna sans relâche, encouragé par Jean-Jean son fidèle écuyer.
Herbert, qui se voyait déjà maître d'un superbe château et mari d'une très belle marquise, choisit la facilité. Il alla consulter le sorcier Bernard l'ermite, qui lui prescrit une potion de Merlinpinpin.
Cette boisson magique donnait une force surhumaine à quiconque l'absorbait.

L'heure du combat arriva.
Caché derrière un bosquet, Herbert but d'un trait la fiole de Merlinpinpin.
Il sentit aussitôt ses forces décupler, il était maintenant un super-chevalier.
Mais en abandonnant la fiole au pied d'un chêne, il trébucha sur Jean-Jean
qui faisait la sieste et pesta :

– Garnement, ne t'avise pas de croiser
mon chemin ou tu goûteras de mon épée.

Il rejoignit Baudoin sur le champ de bataille.
Le marquis de Tartas avait à peine donné le signal qu'Herbert attaqua Baudoin. Ses forces étaient telles qu'en un éclair, il envoya le pauvre Baudoin valser aux pieds du marquis. Un cri d'admiration s'éleva dans l'assemblée.

Herbert allait crier victoire quand Jean-Jean s'écria :
– Marquis, il a triché !
Le jeune écuyer tendit la fiole qu'il avait ramassée au marquis de Tartas, qui s'exclama :
– C'est de la potion de Merlinpinpin !
Mais c'est formellement interdit par le règlement !

On consulta les juges qui dodelinèrent de la tête et confirmèrent. Le marquis s'apprêtait à déclarer Baudoin vainqueur quand la douce voix de Blanche s'éleva :
– Père, Herbert a triché. Mais avant de le condamner, laissons-lui une chance de se rattraper. Que ces deux chevaliers me récitent un petit compliment. Le plus sincère aura mon cœur car je ne veux épouser qu'un homme de valeur.

Herbert le tricheur, rouge de honte,
accepta de commencer le premier.

À ces mots, un grand éclat de rire secoua l'assemblée.
Vint le tour de Baudoin. Sous son armure, son cœur battait la chamade.
Il balbutia :

Belle marquise,
je sais que vous ne m'êtes pas acquise.
J'aimerais tant
que vous soyez ma promise.
Pour vous combler, je combattrai
tous les dragons.
Pour vous aimer,
je ferai fuir
tous les félons.

À la tribune, Blanche fut conquise. Le marquis de Tartas exulta. Il avait enfin trouvé le chevalier courageux et fidèle qui saurait aimer sa fille chérie, un véritable chevalier du cœur.
Le mariage fut célébré. Et depuis, chaque soir au château de Flamiche, Blanche brode des tapisseries en écoutant Baudoin déclamer des poésies.

La véritable histoire de la princesse O'Petipoi

Au royaume des Zécossés,
quand la princesse O'Petipoi perd une dent,
c'est jour de fête. On ferme les écoles, on ouvre les cinémas,
on danse le rock'n'roll et on va dîner au château du roi.

Le soir, quand tout le monde est parti,
le roi O'Mac va border la princesse dans son lit.
– O'Petipoi, as-tu bien mis ta dent sous ton matelas ?
– Pas de danger, mon Paparoi.
Ça, je ne l'oublie jamais !

Le lendemain matin, O'Petipoi saute tout en bas de son lit
et fouille entre les matelas. Et à chaque fois, à la place
de la dent, qu'est-ce qu'il y a ?
Un petit pois ! Mais c'est un petit pois MAGIQUE.

La princesse peut lui demander
de se transformer en n'importe quoi :
en baba au rhum de la Jamaïque,
en poupée à cheveux de réglisse,
en bateau-fusée à hélices.
Son préféré, c'est Tagada, un chat
si grand qu'elle monte dessus comme
sur un éléphant.
Tagada par-ci, Tagada
par-là, gare à la princesse
O'Petipoi !

Ce matin-là, en soulevant le matelas, la princesse est excitée.
Que va-t-elle demander ? Une fontaine à shamallows ou une girafe de rodéo ?
Mais, ce matin-là, le petit pois ne se transforme pas.
O'Petipoi répète la formule magique une fois, dix fois, mille fois.

– Saperlischtroumpfette !

Ce petit pois

se paye ma tête !

Furieuse, elle appelle O'Mac. Le roi a mal dormi ; son kilt dépasse de sa chemise de nuit.

– Que se passe-t-il, ma crevette des îles ?

– Rien, répond la princesse.

Il ne se passe rien.

Ce petit pois est cassé, il ne veut pas se transformer.

O'Mac fait venir son conseiller.
C'est le plus grand sage de la Nation ;
il paraît que c'est parce qu'il mange beaucoup
de soupe au potiron. Le conseiller examine le pois.
Il est rond, il est vert et il est plus petit que le bout
de son petit doigt.

– Alors ? interroge le roi.
– Ça vient ? s'impatiente la princesse.
– Vos majestés, dit le sage, ceci est… un petit pois.

La princesse le regarde comme s'il venait de traiter O'Mac de macaque.
– Mon Paparoi, fais couper la tête de cet imbécile.
Mais O'Mac aime trop son conseiller : pas question de le décapiter.
– Explique-toi, ordonne-t-il.
– Ce petit pois est un vrai petit pois.
Un légume, quoi. Rien de magique.
C'est catastrophique ! O'Petipoi se roule par terre ;
elle est plus rouge que le kilt de son père.
Elle crie comme si on la forçait à avaler des haricots frits.
O'Mac a mal à la tête.
– Conseiller, que conseilles-tu ?

Le sage réfléchit.

– Allons voir la Petite Souris.
Après tout, c'est elle qui fabrique
les légumes magiques.

La Petite Souris habite au fond de la plus noire des oubliettes.
Quand O'Mac, O'Petipoi et le conseiller arrivent,
elle est en train de se faire une omelette.

– Souris, dit le roi, tu t'es trompée, je crois.
La souris ne répond pas.
– Dame Souris, dit le conseiller,
il y a eu une erreur,
c'est sûrement la faute du livreur.
Elle ne dit toujours rien.

– Toi, le demi-rat ! dit la princesse. Donne-moi mon petit pois, et plus vite que ça !
Sinon, je te fais couper la tête et je la mange en brochette !
Poêle en patte, la souris grimpe sur l'épaule d'O'Petipoi.
– J'en ai ras les moustaches de passer mes journées à transformer tes chicots pleins de caries en pois pleins de magie !
Maintenant, c'est fini. Et puis, tu as perdu assez de dents comme ça.

Et elle lui balance
un grand coup de poêle,
paf !

La princesse entre
dans une rage terrible.
– Voilà ce que j'en fais
de ton petit pois chéri !
lance-t-elle à la souris.
Elle le met dans sa bouche
et en deux coups de mâchoires,
c'en est fini du petit légume.
Au revoir !

Le roi retient sa respiration.
Le conseiller rêve d'une bonne soupe au potiron.
La Petite Souris sourit.
O'Petipoi avale et se lèche les babines.
– Mais… C'est meilleur que le sirop de grenadine !

Depuis ce jour, la princesse du royaume des Zécossés ne mange plus que des petits pois (des vrais). Elle a même rendu son oreiller en nougat à la Petite Souris (qui a beaucoup grossi). Fini les sucreries ! Mais bon, elle a quand même gardé sa vache-caramel. C'est délicieux les petits pois au caramel !

Et maintenant ?

Avant, O'Petipoi transformait…
Ses petits pois en n'importe quoi.
Maintenant, elle se fait de bons petits plats,
À manger avec les doigts.

Avant, elle voulait…
Un vélo volant rouge écarlate.
Maintenant, c'est une purée de pois…
À la sauce tomate.

Avant, elle demandait…
Une catapulte à yaourt.
Maintenant, ce sont des petits pois…
En croûte.

Avant, elle réclamait…
Un gorille danseur de rumba.
Maintenant, c'est de la glace aux petits pois…
Sauce chocolat !

Avant, elle exigeait
Un bonnet de bain aux oreilles d'éléphant.
Maintenant, c'est un petit pois flottant…
Et sa gelée de hareng !

Avant, il lui fallait…
Un paquebot en Lego pour voguer sur les mers.
Maintenant, c'est du boudin vert :
Des petits pois dans un ver de terre !

Le Chevalier Musique

Princesse Célestine.
Entendez-vous ça ? Rien que son nom,
c'est déjà de la musique…

En plus, elle a accroché un petit grelot
au ruban de sa robe. Aussi, chaque fois
qu'elle se promène dans la cour intérieure
du château, je ne peux m'empêcher de tourner
la tête pour la suivre du regard.

Enfin, la suivre des oreilles, devrais-je dire !
Car c'est ce qui m'intéresse le plus dans la vie :
le son que produisent les choses.
Toutes les choses. Et en particulier Célestine.
Mon rêve serait d'entendre un jour
le doux son de sa voix.

Je suis apprenti maréchal-ferrant.
Un jour, je ferrerai les chevaux
des plus grands chevaliers
du château. Ceux-là même
qui terrassent les dragons
et épousent les princesses.
Des princesses dans le genre
de Célestine. Je ne sais pas
pourquoi au juste mais ça me rend
tout triste quand je pense à ça.

Je ferais mieux de m'intéresser à mon travail, me dit mon père.
C'est-à-dire à mon marteau et mon enclume.
Bing ! Bing ! Bing !
Quel horrible bruit !
– Concentre-toi donc, dit mon père, tu vas finir par te taper sur les doigts !
J'essaye. Vraiment, j'essaye. Mais à peine a-t-il fini sa phrase que déjà mes oreilles m'entrainent ailleurs, loin derrière les murs du château. J'entends le murmure de la rivière, le chant de l'alouette, le froufrou des feuilles au sommet des arbres…
On dirait des guitares, des flûtes et des crécelles.

Comment se peut-il que le monde soit si rempli de musique ? J'en parle à mon père parfois mais cela semble plutôt le mettre de mauvaise humeur.

– Vas-tu finir par redescendre de ton nuage ? me dit-il sèchement. Si tu continues à raconter de telles sornettes, à la longue, tout le monde te prendra pour un fou !

Qu'on me prenne pour ce qu'on veut, je m'en moque !
Je suis heureux d'entendre ce que j'entends. La musique du monde, c'est ce qui me console de ne pas être chevalier et de ne jamais pouvoir approcher une perle telle que la gracieuse Célestine.

Cataclop !

Cataclop !

Ce bruit de tambour-là,
je le connais par coeur : c'est celui
d'un cheval qui approche. Mais il y a aussi
le cliquetis d'une épée sur une jambe de fer…
Pas besoin de me retourner pour savoir
que c'est le cheval d'un chevalier, mon oreille
ne me trompe jamais.
– Salut, petit. Peux-tu referrer mon cheval
de toute urgence ? Le roi m'attend pour un tournoi
etje ne voudrais pas l'impatienter ; il se met en rogne
pour un rien ces derniers temps…

– Ah bon ? questionne mon père, le roi serait-il mal luné ?
– Et comment ! Depuis que son fou s'en est allé, plus rien ne va ! Personne n'arrive à le divertir. Il lui faudrait quelqu'un avec de l'esprit, un peu de poésie ! Quelqu'un qui puisse lui jouer de la musique, le faire rire, lui raconter des histoires… Mais cela ne se trouve pas si facilement, apparemment.

Musique ?
Poésie ?
Fou du roi ?
Fou…
comme moi ?
Ai-je bien entendu ?
Oui. Mon oreille
ne me trompe jamais.

Sans attendre je m'empare de son casque et d'un fer à cheval et, frappant l'un sur l'autre, je lui joue la musique de la rivière et des feuilles. Ma voix fait le coucou, l'alouette et l'enfant. Je suis le fou, écoutez-moi ! Je suis le fou, le fou du roi !

Et voilà comment ce soir-là,
je me suis retrouvé devant
une assemblée attablée,
à présenter mon premier numéro.
Je me nomme désormais
le Chevalier Musique.

Il y a mon père au premier rang qui m'écoute fièrement…
Le roi sur son trône, très attentif et surpris que je puisse
faire entrer ici toute la musique du monde…

Et puis sa fille, à côté de lui,
la princesse Célestine,
qui dit bravo de sa bouche si fine.
Ah ! Quel cadeau ! Sa voix, enfin !
Un cristal dans de la soie.

La princesse qui ne voulait pas de prince charmant

Il était une fois une belle princesse
qui s'appelait Marielle.
Elle passait son temps à s'amuser avec ses amis les comtes, les comtesses, les ducs et les duchesses.
Elle organisait des bals masqués, des défilés de mode, des concours de bonnes manières… Mais ce qu'elle aimait surtout, c'étaient les courses de carrosses, car elle gagnait à tous les coups !

La princesse
avait beau s'amuser,
son père et sa mère,
le roi et la reine,
s'inquiétaient, car elle n'était
toujours pas mariée.
Et une princesse sans prince
charmant, lui disaient-ils,
c'est comme une couronne
sans diamant ! Marielle aurait
bien voulu faire plaisir à ses parents.
Mais que diable aurait-elle fait
d'un prince charmant ?

Aussi, elle déclara :
– De prince charmant, je ne veux pas.
Prendra mon cœur, celui qui me résistera.
Et elle annonça à ses parents qu'elle épouserait le prince
capable de la battre à la course de carrosses.
C'est sûr : aucun prince, à mille lieues alentour,
n'y parviendrait et elle pourrait continuer
à s'amuser en paix.

Le roi et la reine annoncèrent
le concours dans les royaumes voisins.
De toutes parts, les princes
affluaient au château.
Il y en avait des petits, des grands,
des maigrelets, des grassouillets,
des barbus, des moustachus…
et des chauves, bien entendu !
Le roi fit tracer une piste de course
et déclara le concours ouvert.

Le premier candidat était le prince Herbert : un vaniteux de la pire espèce. On le surnommait « Herbert la vipère ». Du haut de son carrosse, il regardait la princesse Marielle avec des grands airs de vainqueur. Bang, bang, bang, le départ fut donné. Les carrosses s'élancèrent dans un épais nuage de poussière. Marielle encourageait ses chevaux, Vanille et Fraise.

En un clin d'oeil,
elle devança le sinistre Herbert.
Il avait beau pester, ce qui devait
arriver arriva :
la princesse gagna.
Herbert la vipère était si vexé
qu'il piqua une colère !

Le deuxième candidat, le prince Ulrich, était prêt à tout pour réussir.
On l'appelait « Ulrich la triche ». Il s'était fait construire un carrosse ultrarapide. Bien que le règlement l'eût interdit, il avait installé en catimini un moteur miniature caché derrière l'une des roues. Il avait toutes les chances de gagner… Bang, bang, bang, le départ fut donné. Ulrich prenait de l'avance. Marielle suait à grosses gouttes.

Quand soudain, le prince heurta un caillou et… s'écrasa comme une crêpe contre un arbre !

Au grand désespoir du roi et de la reine, aucun des cent candidats suivants ne parvint à gagner la course.

Un matin pourtant, un beau prince
inconnu demanda audience au roi.

– Majesté, je suis le prince Ernest.
La princesse aime les défis, moi aussi !
Si je la bats à la course de carrosses,
je ne l'épouserai que si elle arrive en haut
du grand chêne du village avant moi.
Car de princesse charmante,
je ne veux pas.
Prendra mon cœur,
celle qui me résistera !

La princesse accepta
cette étrange proposition.
La course de carrosses commença.

Ce qui devait arriver arriva :
Marielle l'emporta !

Le prince et la princesse se
retrouvèrent alors au pied du
grand chêne. Le départ fut donné.
En un éclair, Ernest avait atteint
les branches les plus hautes.
Marielle reçut un gland sur la tête et, sonnée,
ne parvint pas à l'arrivée ! Elle qui avait l'habitude
de gagner était vraiment vexée.
Le roi proposa une revanche la semaine suivante.
Pendant ce temps, grâce aux conseils de Walter Haltère,
son professeur de gymnastique, la princesse Marielle
s'entraîna à gravir le grand chêne.
Chaque jour, elle faisait de grands progrès.
Dans son carrosse, le prince Ernest, aidé par le jockey
Armand Pursang, tournait à en perdre la tête autour
du château. Chaque jour, il allait plus vite.

Le jour tant attendu arriva.
Bang, bang, bang, le départ de la course de carrosses fut donné.
Et là, surprise !
Plus rapides que l'éclair, Crème et Chocolat, les chevaux du prince, galopèrent tant et tant qu'Ernest gagna la course.
La princesse Marielle était piquée au vif. Encouragée par Walter Haltère, elle ne fit qu'une bouchée du grand chêne.
Le prince, qui peinait loin derrière, dut admettre sa défaite !

Le prince Ernest et la princesse Marielle
ne s'étaient jamais autant amusés.
Ils avaient enfin trouvé chaussure
à leur pied : une princesse et un prince
capable de leur résister.

Leur mariage fut célébré.
Pour l'occasion, ils organisèrent
une course de carrosses en équipe.
Et ce qui devait arriver arriva :
ils gagnèrent l'épreuve
haut la main !

Aligot, le chevalier au seau

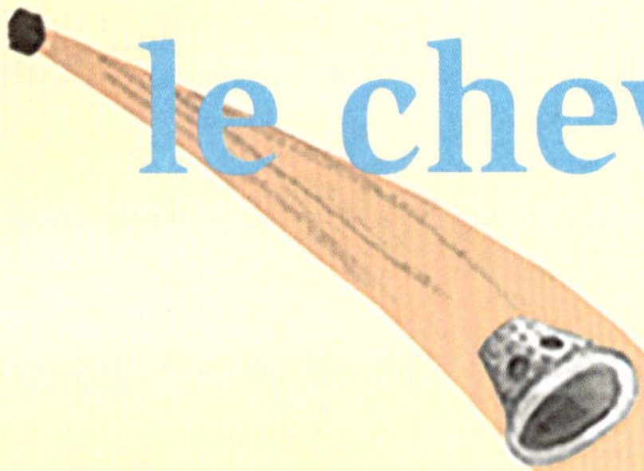

Tout seul dans un champ de pissenlits, Aligot s'ennuyait
comme ce n'est pas permis. Soudain pourtant apparut,
au beau milieu du ciel, un petit point noir qui lui filait dessus.
– Bizarre ! s'exclama Aligot. On dirait…
Mais à ce moment-là, le seau (car c'était bien ça) lui arriva droit
sur le ciboulot et lui fit un chapeau qui lui descendait jusqu'aux chicots.
Aligot tira dans tous les sens, secoua la tête de bas en haut…
rien à faire, le seau était coincé.
– Par les sourcils de mémé Aglaé ! s'exclama Aligot.
Je trouverai celui ou celle qui jette ainsi ses seaux
et je lui dirai deux mots !

Difficile de ne pas se casser la margoulette quand on a un seau sur la tête. Heureusement, le seau d'Aligot était percé, si bien qu'il voyait à peu près où il mettait les pieds. À tous ceux qu'il rencontrait, il demandait :

– Il est à vous ce seau ?

Et toujours on lui répondait :

– Non, mais on voit bien à votre heaume que vous êtes chevalier. Vous voulez bien aller couper la tête de la géante Cacarinette ? Sinon, c'est sûr, elle va tous nous croquer.

– Désolé, répliquait Aligot. Je ne suis pas chevalier. Et il repartait.

Aligot mourait de chaud sous son seau.

Par chance, il aperçut une rivière et s'y jeta les fesses les premières. Mais…

– Par les orteils poilus de cousin Saturnin ! ragea Aligot. Qui m'a piqué le popotin ?

Il ramassa au fond de l'eau une longue pique tordue.

– Oh ! Quand je tiendrai ce malotru !...

Et il reprit sa route vers l'inconnu.

Bientôt, Aligot arriva chez une princesse.
– Savez-vous qui est le malpoli qui jette ses piques et ses seaux ? demanda Aligot.
– Aucune idée, dit la princesse. Par contre, je vois bien à votre heaume et à votre lance que vous êtes chevalier. Soyez gentil, débarrassez-nous de la géante Cacarinette. Coupez-lui donc la tête, sinon on finira en croquettes.
Encore une fois, Aligot s'excusa. Il n'était pas chevalier, ça ne le regardait pas.

Quand vint la nuit, Aligot était cuit. Heureusement, il trouva une couverture douillette sur laquelle il s'endormit, et il ronfla comme une trompette.
Il était si épuisé qu'il ne remarqua rien quand la couverture se mit à ronfler aussi.

C'est un enchanteur
qui le réveilla.
– Ohé ! appela celui-ci.
Je vois bien à votre heaume,
à votre lance et à votre monture
que vous êtes chevalier. Vous êtes ici
pour couper la tête de Cacarinette ?
Chouette !

– Désolé, je ne suis PAS chevalier. Et je n'ai PAS de monture, juste une vieille couverture.
Et Aligot y mit un petit coup de pique… et la couverture poussa un rugissement terrifiant.

– Par la barbiche
de l'oncle Edmond !
Je suis assis sur un lion !

Le lion fila comme un fou, avec Aligot agrippé à son cou. Il ne s'arrêta que lorsqu'il entendit une grosse voix…

– Mon minouchet ! Que m'as-tu ramené là ?
C'était Cacarinette !
– Toi aussi tu viens me couper la tête ? demanda-t-elle à Aligot.
Avec mon dé à coudre percé, mon aiguille tordue et mon petit chat
en guise de destrier, tu fais un drôle de chevalier.

– JE NE SUIS PAS CHEVALIER !!!
hurla Aligot.
Je ne coupe pas la tête des gens !
Et je ne jette pas mes vieilles affaires
de couture aux quatre vents !
Géante ou pas,
tu mérites une fessée !

Cacarinette
était époustouflée.
Ce PAS-chevalier n'avait donc pas peur
de se faire croquer ? D'habitude, tous ceux qui l'approchaient
s'enfuyaient en courant et Cacarinette s'embêtait tellement…

– Si je promets de ne plus recommencer et de ne pas te croquer, dit-elle, tu voudras bien faire une partie de petits chevaux ?
Pourquoi pas ? songea Aligot. Chez lui, il n'avait personne avec qui jouer.
– Tope là !
Et depuis ce jour-là, on n'entendit plus parler de Cacarinette la croqueuse de héros, ni d'Aligot le chevalier au seau. Ils étaient bien trop occupés à jouer au mikado !

Soliloque, la princesse qui parlait sans cesse…

Il était une fois, dans un royaume enchanté, une princesse aux longs cheveux bouclés.
Elle ne s'appelait ni Belles Boucles ni Boucle d'Or, car elle possédait une chose plus surprenante encore.

Sa langue, dans sa bouche, bougeait comme un ressort :
elle montait, descendait, clapotait,
Mais jamais… ne s'arrêtait !
Si bien que la princesse parlait sans cesse…
Son nom était Soliloque.

Dans tout le royaume de Bouchecousue,
on racontait que la princesse était perdue.
Jamais elle ne trouverait de prince pour se marier,
ni jamais personne pour l'écouter.
Mais Soliloque aimait parler,
parler et parler encore : c'était son trésor !

– Ne pourra-t-on jamais dormir tranquille ?
s'écriait le roi son père qui avait les oreilles fragiles.

Car même dans le noir,
Soliloque se racontait des histoires.
– Que l'on aille chercher la fée Motus,
celle qui se trouve dans la forêt de cactus,
elle pourra peut-être me conseiller,
et nous enlever cette épine du pied…
déclara le roi avec sang-froid.

Lorsqu'une semaine se fut écoulée,
la fée montra enfin le bout de son nez :
— Motus, la princesse est au plus mal,
ne l'entendez-vous pas qui râle ?

– J'entends une enfant
qui parlussse, mais je n'entends
ni malusss ni râlusss,
répondit-elle en sautillant.
– Je veux seulement être un bon père :
ne pourriez-vous pas la faire taire ?
– Je vois bien ce que vous voulussse,
aussi vais-je essayer sans être sûre
que je pussse :
Abracadabrusss, par la magie
de Motus : Langus Hibernatus !

Et pfffuit !
Comme un courant d'air chaud,
la fée s'envola du château.

Montant les escaliers,
affolé, le roi trouva
Soliloque bouche bée.

Elle était si triste de ne pouvoir dire un mot,
que de ses yeux les larmes coulaient à flots.

Le roi son père fut pris de colère en voyant des larmes si amères.
Tout le royaume trembla quand il dit de sa grosse voix :
– Afin de sortir Soliloque du chagrin,
je veux que d'ici trois matins,
l'on me ramène cette fée Motus,
dussiez-vous fouiller chaque cactus !

Dès le lendemain matin,
Une voix monta aux oreilles du roi.
– Serait-ce Soliloque qui aurait
retrouvé la parole ? dit-il.

Apparut alors une petite dame aux longs cils.
– Je me présente : Madame Pipelette,
fée du royaume de Cassenoisette.
Je suis venue dès que j'ai lu la gazette,
car de Motus je suis la soeurette et…
– Et que peux-tu faire pour nous, Pipelette, à part remplir nos oreilles
de sornettes ? coupa le roi.
– Sornettes ? reprit la fée. Quel mot chouette ! Je suis là pour
ta fillette, mais es-tu sûr de vouloir que sa langue à nouveau claquète ?
– Ce que je souhaite, Pipelette, c'est revoir Soliloque parler comme avant,
et non pleurer comme maintenant…
– Très bien. Un coup de baguette et ta volonté sera faite :
Saperlipopette, par la magie de Pipelette,
ouvre la bouche et claquète !

Et pfffuit !
Comme un courant d'air chaud…
elle aussi s'envola du château.

Comme l'avait prédit la fée,
Soliloque se remit à parler, parler et parler encore.
Mais à présent elle parlait si fort, qu'on l'entendait depuis… dehors.
– Ne pourra-t-on jamais dormir tranquille ?
s'écriaient les habitants de Bouchecousue qui eux aussi
avaient les oreilles fragiles.

Pourtant l'histoire ne s'arrêta pas là.
On attendait donc qu'une chose se passât :
soit que le royaume se révoltât,
soit que la princesse enfin changeât.
Et ce qui devait arriver, un jour arriva…

Soliloque avait une marraine, grande fée ou magicienne,
qui en plus d'avoir tous les dons, savait pour chacun ce qui était bon.
Alertée par les habitants mécontents, elle alla voir la princesse sur le champ.

En se grattant le bout du nez, une idée lui fut révélée :
– Soliloque cache au fond d'elle un secret d'une grande beauté, que sa bouche, trop petite, ne peut exprimer.

Et petit à petit,
la bouche de Soliloque
s'agrandit.

À partir de cet instant magique,
la princesse chanta d'une voix magnifique.
Tous les princes avec elle voulaient se marier,
car ils ne rêvaient que d'une chose : l'écouter.

Soliloque aimait chanter, chanter et chanter encore,
si bien que sa voix, de tout le royaume, devint le trésor.

De l'autre côté du rêve

Il était une fois, un jeune chevalier nommé Ursule. Il n'était encore jamais sorti de son petit château blotti au fond des bois et posait sans cesse la même question à ses parents :
– Quand donc serai-je assez grand pour découvrir le vaste monde ?
Et sans cesse, son père et sa mère lui répondaient :
– Il te faut encore attendre une année…

Mais, par un beau matin, tout changea car un messager se présenta aux portes du château. Celui-ci annonça à grands coups de trompettes que le roi voulait voyager et, pourquoi pas si l'occasion s'en présentait, conquérir de nouvelles terres. Tous les chevaliers du royaume devaient l'accompagner très loin, au-delà des mers.
Un ordre de roi, ça ne se discute pas !
Fou de joie, Ursule s'en alla dès le lendemain matin.

Trois mois plus tard, après avoir escaladé des montagnes et traversé d'interminables vallées, la troupe du roi embarqua enfin sur un grand navire. Chaque nuit qu'il passa en mer, le chevalier Ursule fit exactement le même rêve. Il se trouvait au milieu de petites collines faites d'une sorte de poudre dorée. Et, alors qu'il escaladait une haute dune plantée au milieu de ce paysage désolé, il apercevait soudain de grands arbres et entendait le bruit de l'eau.

Là, il découvrait aussi une tente magnifique fermée par un grand rideau brodé s'ouvrant comme par magie pour lui laisser le passage. Mais hélas, chaque nuit, le rêve s'arrêtait à ce moment-là…

Ce qu'ignorait le chevalier Ursule, c'était que depuis plusieurs nuits, un prince du désert faisait lui aussi, chaque nuit, un rêve étrange. Pendant qu'il dormait, il était soudain réveillé par un bruit au-dehors.
Il soulevait alors le rideau brodé fermant sa tente, mais hélas, il se réveillait toujours à cet instant…

Un matin, le bateau du roi arriva de l'autre côté de la mer et tous les chevaliers en descendirent. Ils se mirent aussitôt à marcher droit devant eux. Au début, ils avancèrent d'un bon pas, mais rapidement le soleil et la soif ralentirent leur allure.

Deux jours plus tard, ils n'avaient plus la force d'avancer et le roi, qui ne rêvait plus de conquêtes, aurait volontiers échangé tout ce qu'il possédait contre une simple gourde d'eau…

Soudain, le chevalier
Ursule reconnut la haute dune de son rêve.
Juste derrière poussaient certainement de grands
arbres bordant une source d'eau claire.
Un dernier effort et on leur porterait secours, il en était sûr !
Ursule décida le roi à lui faire confiance. Les chevaliers
gravirent la dune et, quelques minutes plus tard,
ils se jetaient tout habillés dans l'eau fraîche.
Au beau milieu de cette oasis inespérée, le chevalier
Ursule reconnut bientôt la tente de son rêve ! Il vit alors s'ouvrir
le rideau brodé et découvrit le maître des lieux qui lui faisait signe.
C'était un jeune homme portant un turban et une large robe de toile bleue.
À sa ceinture pendait un magnifique sabre recourbé.

D'un seul geste,
l'homme calma ses compagnons
qui pointaient déjà leurs armes
en direction de tous ces étrangers
faisant irruption chez eux.

Puis il s'inclina et se présenta. Il se nommait prince Wahid et régnait sur cet étrange royaume de sable. Après avoir ordonné à ses serviteurs de donner à manger et à boire aux compagnons du chevalier Ursule, il invita celui-ci à s'asseoir. Les deux hommes parlèrent ensemble toute la nuit. D'abord de leurs étranges rêves et ensuite chacun raconta à l'autre les merveilles de son pays.

Le lendemain matin, le prince Wahid présenta sa soeur, la princesse Leïla, au chevalier. Les deux jeunes gens, sans avoir besoin de se parler, tombèrent immédiatement amoureux. Le soir même, Ursule demandait au prince s'il pouvait rester vivre dans son oasis. Celui-ci accepta avec joie et offrit au roi, qui voulait poursuivre sa route, une caravane de chameaux chargés de provisions et d'eau.

Quelques semaines plus tard, le chevalier épousa la princesse Leïla qui, l'année suivante, donna naissance à un garçon. Le prince Wahid, qui savait lire dans les étoiles, sut tout de suite que cet enfant deviendrait, plus tard, un extraordinaire prince des sables…

Rêver le monde

Épée de bois ! Épée de fer !
Ursule en a assez de ne rien faire.
Il veut s'en aller de l'autre côté de la terre.
Mais attention ! Foi d'Ursule !
Il n'ira pas si loin à dos de mule !
Il se voit en train de voguer
Sur le plus beau des voiliers
Et se sent déjà la peau toute salée.

Mais qu'y a-t-il donc derrière la mer ?
Ursule espère une vaste terre,
Et peut-être encore une autre mer.
Et qu'y a-t-il de l'autre côté de ses rêves ?
Ursule espère des rêves encore plus grands,
Et des nouveaux amis à mettre dedans.

Parfois Ursule cogite à propos de sa bougeotte :
Quand donc s'arrêtera son envie de courir le monde ?
Sans doute jamais, puisque la terre est toute ronde !

La ronde des amoureux

Le chevalier Yanis aime la princesse Nabila,
Qui ne chérit que le chevalier Hicham.
Mais son coeur est épris d'une douce dame,
La belle Leïla, aux cheveux doux comme la soie !

La princesse Rana, elle, ne rêve que de Marwan le valeureux,
Un chevalier fort et audacieux, mais aussi affectueux !
Mais Marwan est séduit par une princesse à la taille fine,
Et aux yeux malicieux, la jolie Jasmine…

Mais Jasmine, cette coquine, est partie dans le désert :
Ce qu'elle aime, c'est se promener à dos de dromadaire !

Princesse Précieuse

Dans tout le royaume de Boisjoli, les cloches résonnaient : une princesse était née !
Penchés au-dessus du berceau de leur jolie petite fille, le roi et la reine chuchotaient :
– Nous t'appelons Précieuse, car tu es aussi précieuse que l'air que nous respirons, que l'eau que nous buvons.

Le roi et la reine aimaient tant leur petite Précieuse
qu'ils lui donnaient tout ce qu'elle désirait.
– Tu es si joyeuse, si malicieuse,
si merveilleuse !
disaient-ils en la couvrant de baisers.
Mais hélas, plus ils la gâtaient,
plus elle en voulait.
Précieuse était devenue si vaniteuse,
si odieuse et si coléreuse
qu'en cachette, tout le monde
la surnommait « Princesse Capricieuse ».

Un jour, ce qui devait arriver arriva.
Elle exigea – vous ne devinerez pas –
la couronne de roi de son papa !
Et pour la première fois,
la réponse fut : « sûrement pas ! »

De rage, Précieuse piqua une colère terrible.
À tel point qu'elle fut envoyée dans la plus haute des tours.
Elle qui était si frileuse.
Croyez-vous que Précieuse fut honteuse ?
Pas du tout : elle était furieuse !

Dès le lendemain matin,
elle fit son petit baluchon
et décida de partir…
pour toujours.

Elle marcha, longtemps, très longtemps.
Si bien qu'elle réalisa qu'elle était fatiguée et affamée.
Elle s'approcha d'une fermière qui trayait sa vache et ordonna :
– Donne-moi du lait !
La fermière mit les poings sur ses hanches :
– Et le mot magique ?
Sans le mot magique, tu n'auras rien de rien, nom d'un chien !

Le mot magique ?
Précieuse ne connaissait pas de mot magique !
Elle fut bien obligée de repartir sans avoir ni mangé ni bu.

Un peu plus loin, une boulangère sortait du four
un gâteau qui sentait bon, si bon !
– Je veux un gâteau au chocolat ! dit Princesse Précieuse.
– Sans le mot magique, tu n'en auras pas une miette, nom d'une chouquette !
répliqua la boulangère.

Princesse Précieuse eut une idée.
– Abracadabra, dit-elle, donne-moi un gâteau au chocolat !
Mais la boulangère se retourna en haussant les épaules
sans rien lui donner.

« Abracadabra » n'était donc pas le mot magique.
Mais alors, quel était ce mot magique ?
Princesse Précieuse reprit son chemin
en essayant de se souvenir des formules magiques
qu'elle avait entendues dans les contes de fées.
À un berger, elle demanda :
– Donne-moi du saucisson, petit patapon !
Mais elle n'eut pas de saucisson.

À un enfant qui goûtait
un peu plus loin, elle demanda :
– Donne-moi ton bout de pain, perlimpinpin !
Mais elle n'eut pas de pain.

Elle eut beau citer toutes les formules qu'elle connaissait
et même en inventer, nulle part on ne lui donna quoi que ce soit !

Le ventre de Précieuse grondait comme l'orage.
Elle qui n'avait jamais eu faim.
Elle crut que c'était très grave !

Elle s'assit alors sur une pierre et se mit à pleurer.
Un brave paysan eut pitié d'elle
et la ramena dans sa charrette jusqu'à Boisjoli.
Le chemin du retour fut long, très long !

Dès son arrivée, Princesse Précieuse se jeta
dans les bras de sa maman, en pleurant.
Elle lui raconta tout ce qui lui était arrivé et la supplia :
– Maman, apprends-moi les mots magiques !

La reine la prit sur ses genoux et lui apprit tous les mots polis,
à commencer par « s'il vous plaît », « merci »,
et puis tous les mots doux, les mots câlins,
les mots tout simples qui font du bien.

Princesse Précieuse comprit alors pourquoi on les appelait
« les mots magiques » : parce que quand on les dit, les gens sourient.
À partir de ce jour-là, Précieuse les utilisa tant et si bien
qu'elle devint la plus affectueuse et la plus généreuse des princesses.
Mais surtout, elle devint la plus heureuse.

Le chevalier qui avait peur de tout

Il était une fois un chevalier qui avait peur de tout. Malheureusement, c'était un chevalier, et il était obligé de se battre. Ce jour-là, par exemple, il devait délivrer une princesse prisonnière d'un dragon.

Il sella son cheval en tremblant et, quand il arriva devant la grotte de la bête, il avait tellement peur qu'il claquait des dents.

– Hé, dra-dragon ! cria-t-il. Sors-sors d'ici si-si tu l'oses !

Le dragon, qui n'avait peur de rien, et surtout pas d'un chevalier peureux, apparut sur le seuil de la grotte. Le chevalier, en le voyant, s'évanouit de frayeur sur l'encolure de son cheval.

Le dragon lui donna une claque.
– Réveille-toi, lui dit-il, je ne veux pas d'un chevalier qui dort !
Le chevalier se réveilla, aperçut de nouveau le dragon et faillit s'évanouir.
Mais le dragon lui cracha une longue flamme au ras de l'oreille droite.
– Bats-toi ! lui cria-t-il. Tu as une princesse à délivrer !
Car le dragon voulait se battre, lui. Il aimait bien ça.

Le chevalier ne se rendormit pas cette fois. Il avait trop chaud à l'oreille. Et, avec l'aide du dragon, il remonta sur son cheval. Puis le dragon lui fit face.

– Attaque-moi, maintenant ! déclara-t-il.
Le chevalier brandit sa lance. Il tremblait tellement qu'il arrivait à peine à la tenir levée. Puis, soudain, il s'écria :
– Maudit dragon ! J'aurai ta peau !

Le dragon n'en revenait pas. Non seulement le chevalier ne claquait plus des dents, mais il l'attaquait.

Ce que le dragon ne savait pas, c'est que la princesse, qui avait réussi à se délivrer de ses liens, était apparue sur le seuil de la grotte. Et que le chevalier, frappé par sa beauté, avait retrouvé tout son courage. Le dragon eut à peine le temps de cracher une flamme longue comme une échelle de pompier que le chevalier le transperça de part en part. Le dragon gisait, mort, à ses pieds.
– Merci, déclara la princesse. Vous êtes si courageux !
Puis ils se regardèrent en silence et, bientôt, le chevalier étant descendu de cheval, ils s'embrassèrent.

Malheureusement une souris vint à passer devant la grotte et le chevalier, l'apercevant, ne put s'empêcher de pousser un cri. Comme il n'y avait pas de chaise en vue, il sauta sur son cheval pour se réfugier en hauteur.
La princesse n'avait pas vu la souris.
– Que se passe-t-il ? demanda-t-elle.

Le chevalier eut une idée. Il lui tendit la main.
– Montez vite, lui dit-il. J'ai entendu un grondement et ce ne peut être que celui de plusieurs dragons qui approchent. Or ils sont trop nombreux pour que je les combatte.
– Je n'ai rien entendu, fit la princesse.
– C'est parce qu'ils s'avancent sur la pointe des pieds, expliqua le chevalier. Ils sont très rusés.

Et il ramena au galop la princesse au château de son père.
C'était un château plein d'araignées et le roi en avait jusque dans la barbe.
Le chevalier, en l'apercevant, s'évanouit immédiatement de frayeur.

– Ce chevalier est un peu bizarre, dit la princesse à son père.
Il pousse des cris sans prévenir et il s'évanouit tout le temps.
Mais il m'a sauvée.

– On va le réveiller, dit le roi.
Il fit apporter un seau d'eau, qu'on renversa sur la tête du chevalier.
– Ça va mieux ? fit le roi.

– Oui, lui répondit le chevalier, trempé, qui continuait à voir courir des araignées dans la barbe du roi et qui craignait de s'évanouir à nouveau. Mais puis-je vous prier, Majesté, de faire apporter un autre seau d'eau ?
– Si vous le souhaitez, fit le roi.
On apporta un autre seau d'eau. Le chevalier s'en saisit et le renversa sur la tête du roi.
– Qu'est-ce qui vous prend ? s'exclama le roi, trempé.
– C'est la coutume dans mon pays, expliqua le chevalier.
On se verse des seaux d'eau sur la tête pour se dire bonjour.
– Ah, fit le roi, soudain réjoui.
Bien, bien. Excellent !
C'est une coutume très rafraîchissante !

Le roi était maintenant de fort bonne humeur. Mais, surtout, il n'avait plus d'araignées dans la barbe. Elles s'étaient toutes noyées, si bien que le chevalier avait retrouvé son calme.

Et c'est ainsi qu'il épousa la princesse et qu'il vécut heureux avec elle, avec aussi beaucoup de seaux d'eau renversés gaiement sur la tête le matin pour se dire bonjour, beaucoup de chasses aux souris et aux araignées dans tous les coins du château, et enfin, naturellement, beaucoup d'enfants qui criaient plus fort que lui.

Princesse de la kermesse

Dans une semaine, c'est la kermesse,
la kermesse de l'école.

Et aujourd'hui, tous les enfants doivent dire
à la maîtresse quel sera leur déguisement.

– Moi, Superman, dit Johan, pour voler dans les airs, sauver la terre entière.
– Moi, Zorro, dit Paco, pour faire des Z avec mon épée sur la porte des cabinets, et partir au galop.
– Moi, sorcière, dit Marie-Pierre, pour vous casser les pieds, vous dépasser à toute vitesse sur mon manche à balai.

– Parfait, dit la maîtresse,
je sens qu'on va bien s'amuser.
Mais toi, Agnès, tu n'as rien dit.
En quoi vas-tu te déguiser ?

– Moi, je serai princesse, dit Agnès.
– Princesse ? Et pour quoi faire ?
s'étonne Marie-Pierre.
– Pour avoir une longue traîne qui traîne,
une traîne de princesse,
et sur le front, un beau diadème.
– Très bien, dit la maîtresse.

Agnès sera princesse,
princesse de la kermesse.

Et toutes les nuits de la semaine,
Agnès fait des rêves de princesse,
assise à l'ombre d'un rosier,
sa longue traîne bien disposée
autour de son trône doré.
Sept jours, sept nuits,
qui ne veulent pas passer,
jusqu'au matin, enfin,
où le grand jour arrive.

La cour de l'école est toute décorée : drapeaux colorés, fleurs en papier ; sur le sol, une marelle géante, dans un coin, une pêche aux canards, tenue par le papa de Léonard, et une estrade en bois sous le marronnier, pour danser la ronde endiablée qu'on a répétée toute l'année.
Superman, Zorro, sorcière, lutins et fées, monstres et héros, tous sont là, prêts à jouer, quand arrive la princesse, la plus belle de la kermesse.

– Quel beau diadème, Agnès ! dit la sorcière émerveillée.
– Quelle splendide traîne, Agnès ! s'écrie Zorro enthousiasmé.
– Que tu es belle, Princesse, soupire Superman, tout chamboulé. Assieds-toi sur ton trône, qu'on puisse tous t'admirer, et regarde-nous jouer. Celui ou celle qui gagnera viendra se prosterner à tes pieds, t'apporter ses trophées.
Et Agnès, aux anges, assise sous le marronnier, dispose sa longue traîne autour d'elle, ajuste son diadème et, de l'estrade en bois, regarde les autres jouer.

Tous s'amusent comme des fous. Superman saute à la marelle comme une sauterelle, d'un bond de la terre au ciel. La sorcière, avec son balai, attrape tous les canards du papa de Léonard. Quant à Zorro, il décroche d'un coup d'épée tous les drapeaux colorés.

On perd, on gagne, on triche, on se chamaille,
on ne voit pas le temps passer, et on oublie
Agnès, la princesse de la kermesse.
– Si au moins, ils venaient se prosterner à mes pieds,
m'apporter leurs trophées, pense Agnès.
Mais non, ils m'ont tous oubliée.

Lutins, fées, monstres, héros, tous courent,
bondissent, rient, crient, applaudissent…
Seule sous son marronnier,
n'osant pas bouger de peur
de faire tomber son diadème
et de salir sa traîne,
Agnès commence vraiment à s'ennuyer.
Pauvre princesse abandonnée.

Quand tout à coup, la maîtresse propose
une partie de chat perché.
N'y tenant plus, Agnès s'écrie :
– Je veux jouer avec vous !
– Une princesse ne saute pas, dit Marie-Pierre,
elle perdrait son diadème.
– Une princesse ne court pas, dit Paco,
elle salirait sa traîne.
– Une princesse ne joue pas, dit Johan,
elle reste assise à l'ombre des rosiers,
en attendant le prince charmant
qui met toujours du temps à arriver.
Car les princes sont très occupés.
– Je suis une princesse moderne,
dit Agnès. Et si tu vois le prince
charmant, dis-lui que la princesse
est occupée, qu'elle joue à chat perché.

Et d'un seul geste, Agnès enlève
sa traîne et son diadème.
Agile comme un chat, sous les
yeux de Superman qui n'en revient
pas, elle grimpe d'un bond sur le
marronnier et s'écrie, tout en joie :
– Princesse perchée ! Gagné !
Et Superman, enfin, se prosterne
à ses pieds.
En bon cavalier, il invite
à danser Agnès, princesse de la
kermesse, dans la ronde endiablée
qu'on a répétée toute l'année.

Le chevalier Amédée

Le chevalier Amédée rêvait d'épouser la belle Dulcinée. Il ne l'avait vue qu'en enluminure, mais son portrait valait son pesant de confiture.

Un jour, Dulcinée annonça qu'elle se marierait avec un chevalier qui promettrait de ne jamais guerroyer.

« Quelle drôle d'idée ! songea Amédée. Mais pour ses beaux yeux, je veux bien essayer. »

Il partit donc de bon matin sur son fidèle Patchouli déclarer sa flamme à Dulcinée. Il n'avait pas trotté trente pas qu'un chevalier au grand bec l'arrêta.

– Foi de Tartempion, rugit celui-ci, j'aime bien tes éperons ! Battons-nous en duel. Si je gagne, je les prends ! Choisis ton arme : la lance ou bien l'épée ?

« Ni l'une ni l'autre, songea Amédée.
Sinon, impossible d'épouser Dulcinée. »
– Alors froussard ! gronda Tartempion. C'est pour ce midi
ou pour ce soir ? Tu n'es qu'un dégonflé, un peureux, un trouillard !
« Pour qui se prend-il ? s'indigna Amédée. Cette espèce de poulet
mal plumé ! » Et ça lui donna une idée.
– Je te propose un combat d'insultes ! déclara-t-il.
Le premier qui ne sait plus quoi dire a perdu.

Tartempion n'aimait pas ça,
mais il n'avait pas le choix.
Il traita Amédée de « mange-foin »
et de « chique molle ».
Amédée rétorqua : « tête-vide »,
« tristes-guibolles ».

– Trompe-le-monde !

– Cerveau-lent !

– Bouche-à-mouches

– Pet-de-lune !

– Face de… face de…
crotte de zébu !
vociféra Tartempion.
J'ai perdu !
Et il s'en alla furibond.

Amédée, enchanté, reprit son chemin à travers la forêt, en songeant que c'était bientôt l'heure de goûter. Mais il n'était pas sorti du bois qu'un chevalier au grand nez l'arrêta.

– Quel beau destrier ! nasilla celui-ci. Dommage qu'il empeste le jus de chaussettes. Mais foi de Tartelette, je te le dispute. Choisis : la massue ou l'arbalète ?

« S'il n'y avait pas Dulcinée, ragea Amédée, je te fracasserais la tête ! Mon Patchouli sent mauvais ? ! Ce n'est rien à côté... »
Et c'est ainsi qu'Amédée eut une nouvelle idée.
– Voici mon défi, annonça-t-il.

Plongeons tous les deux la tête dans mon sac à goûter.

Le premier qui la ressort a perdu.

Tartelette se dit : « Ce chevalier est fou à lier.
À moi le destrier ! » Et il enfourna son grand nez
dans le sac en même temps qu'Amédée. Mais là…
Quelle odeur infâme ! Qu'est-ce que c'était ?
Des vers de terre rissolés ? Des sucettes à l'oignon ?
De la soupe au fumier ? Tartelette ne le sut jamais :
il s'évanouit et perdit le défi.

Amédée, lui, se régala : pâté de poisson plat
et fromage coulant aux petits pois.
Un vrai repas de roi !

La nuit était presque tombée quand Amédée arriva devant chez Dulcinée. Mais à peine Patchouli eut-il posé un sabot sur le pont-levis qu'un chevalier aux oreilles décollées se planta devant lui.

– Foi de Tartignolle, siffla ce dernier, moi seul mérite d'épouser Dulcinée. Si tu n'es pas d'accord, il va falloir batailler. Arc ou hallebarde ? À toi de décider, de toutes façons, je vais te massacrer.

Amédée commençait à en avoir ras le heaume. Il se demandait même si la main de Dulcinée valait toutes ces tracasseries.

– Laissons-la choisir, proposa-t-il. Grimpons à son balcon et chantons-lui chacun une chanson.

Tartignolle galopa sous les fenêtres
de la belle et entonna son chant.
Aussitôt, un bruit abominable retentit.
C'était comme un cor de chasse,
comme une chorale d'éléphants !
Dulcinée chantait avec Tartignolle,
mais elle chantait comme
vingt-cinq mille casseroles !
Tartignolle devint sourd sur-le-champ !

Quant à Amédée, les mains sur les oreilles, il s'enfuit jusqu'au Trifouillistan où il ouvrit un restaurant pour chevaliers errants. Quand l'un d'eux se vantait de gagner la main de Dulcinée, Amédée répondait :
« Surtout ne te presse pas ! »
et il lui resservait du pâté de poisson plat.

La triste chanson de Dame Dulcinée

Un matin, dans le bois Houlala,
Dulcinée se chauffait la voix :
« Do, do, do, do, dooooooooooo… »
« C'est faux ! » lui répondit l'écho.

Un midi, devant la grotte de l'ours Brise-Banquise,
Dulcinée faisait des vocalises :
« Ré, ré, ré, ré, rééééééééééé… »
Et l'ours gémit : « Que c'est raté ! »

Un goûter, sur le Mont Gros-Dragon,
Dulcinée chantait à pleins poumons :
« Mi, mi, mi, mi, miiiiiiiiiiiiiii… »
Et elle entendit : « Ça suffit ! »

Un soir, tout près de chez l'ogre Croque-Dame,
Dulcinée répétait ses gammes :
« Fa, sol, laaaaaaaaaaaaaaaaaaa… »
Et l'ogre dit : « Tais-toi !
Tu ne veux pas finir au fond de mon estomac,
N'est-ce pas ? »
Mais Dulcinée ne l'entendit pas.
Elle continua :
« Siiiiiiiiiiiiiiii ! »
Et Croque-Dame la croqua !

Un pépin est un royaume…

Le roi Céleste avait trois filles : Élise, Héloïse et Louise.

Élise était très coquette.
Héloïse ne pensait qu'à faire la fête.
Seule Louise avait un cœur et une tête, et savait s'en servir…
Mais le roi Céleste aimait pareillement ses enfants
et lorsqu'il décida de se retirer du monde,
il les convoqua toutes les trois.

– Mes petites princesses, leur dit-il, l'heure est venue pour moi de prendre un peu de repos. Je vous laisse donc ma couronne, mon trône et mon royaume et je compte sur vous pour en faire bon usage.

Héloïse et Élise applaudirent la décision de leur père.

Seule Louise demanda :
– Où partez-vous, mon cher Papa ?
– Là où les rois ont le droit de somnoler toute la journée. Dans un pays sans frontières, où le ciel rejoint la terre…
Un petit bruit l'interrompit.
C'était l'un des joyaux de sa couronne, qui était tombé alors qu'Élise et Héloïse se l'arrachaient déjà.
Seule Louise pleurait doucement.

Le roi les embrassa toutes
les trois sur le front :

– Allons, allons !
Soyez toujours
de bonnes princesses
et donnez autour de vous
l'exemple de la joie
et de la bonne entente.

Sur cette dernière recommandation, il disparut.

Aussitôt, Héloïse décréta trois jours de fête générale pour célébrer leur nouveau règne. Élise en profita pour se coiffer de la couronne et pour se parer des plus somptueux atours. Seule Louise, triste et pensive, contemplait le ciel.
Une fois passée l'agitation due au départ du roi et au sacre des princesses, la situation commença à se compliquer...
Élise ordonna que toutes les maisons du royaume se couvrissent de miroirs pour pouvoir admirer son reflet plus à son aise en se promenant dans les rues. Et Héloïse, qui passait toutes ses nuits à danser, n'avait plus de force au matin pour recevoir les conseillers, les chanceliers et les cuisiniers.

Seule Louise se rendait compte
que le royaume courait à sa perte.
Mais aucune de ses soeurs ne
l'écoutait.
– Tu nous ennuies, Louise. Tu es
la plus jeune et tu dois nous obéir !

Alors un jour, Louise en eut assez
et décida de quitter le royaume.
Elle n'emporta qu'une petite
pomme du jardin royal en guise
de souvenir.
En chemin, elle fit quelques
rencontres : celle d'un oiseau
flamboyant qui disait ne jamais
voir le soleil se coucher, tant il volait
rapidement, celle d'un escargot qui
affirmait ne jamais voir la journée

passer, tant il allait lentement, et celle d'un petit nuage qui la rafraîchit gentiment de quelques gouttes, au moment où la soif se faisait sentir.
Le soir venu, elle eut très faim et elle mangea sa pomme. Les pépins tombèrent à ses pieds, et elle s'endormit.
L'oiseau était parti depuis longtemps pour ne pas perdre de vue le soleil ; l'escargot traînait loin derrière et le petit nuage s'était blotti contre la lune.

Le lendemain, Louise se sentit

comme soulevée…

En effet, elle reposait entre les branches
moussues d'un arbrisseau.
« Les pépins ! » pensa-t-elle.
Il avait suffi d'une nuit pour que les pépins
de sa pomme donnent naissance à un pommier,
qui s'élevait doucement vers le ciel.
Louise décida de rester dans l'arbre.

Au bout de quelques jours, elle pouvait presque toucher son ami le nuage, tant le pommier avait grandi.
Ce qu'elle aperçut alors ne la réjouit pas du tout.
Au loin se dressait le royaume laissé à ses soeurs, ou plutôt ce qu'il en restait…
Un désert.
Aucune d'entre elles n'avait su s'en occuper dignement.
Toute l'eau avait été utilisée par Élise pour ses bains interminables.
Et toute l'énergie des habitants s'était épuisée dans la préparation de fêtes extravagantes ordonnées par Héloïse.

Les quelques larmes que Louise versa à la vue
de ce désastre s'accrochèrent aux branches du pommier
comme des fruits précieux, transparents, éternels.
Les oiseaux, les écureuils et les promeneurs
curieux venaient les admirer.

– Papa !

Flottant dans les airs, Louise reconnut son père, escorté par de brillantes étoiles.

Bientôt, dans le monde entier, on parla de la beauté de ce pommier.
Quand sa cime rejoignit le petit nuage, celui-ci se posa sur la tête de la princesse en guise de couronne.
– Où vas-tu, mon Papa ?
– Je vais où le vent me mène, mon enfant…
– Tu es devenu le roi du Ciel ?
– Il n'y a pas de roi dans le Ciel : chacun y règne sur lui-même et ne possède pour toute richesse que sa légèreté.
À ces mots, Louise quitta sa branche et s'envola aux côtés de son papa, laissant le petit nuage au-dessus du pommier qui ne manquera… jamais d'eau !

La première Chevalière

Elle s'appelait Serpolette ;
mais son nom ne lui plaisait pas.
« Et pourquoi pas Romarin ? »,
lançait-elle à ses parents, les jours de mauvaise humeur.
C'était une jolie fillette ; mais cela ne lui plaisait pas !
« Pourquoi ne pas m'avoir fait naître garçonnet, comme mon cousin ? »
Elle avait une poupée, une dînette et un livre de recettes.
Mais ça ne l'intéressait pas. « Ce que je veux, disait-elle,
c'est un cheval à roulettes, un bouclier et une épée ! »
Certes la petite Serpolette n'était pas une fillette comme les autres.

Elle courait les bois jusqu'au soir, revenant les ongles noirs et les habits en lambeaux.

– Où étais-tu ? s'inquiétait alors la Mère.
– Dans la forêt ! répondait Serpolette, les yeux luisants.
– Qu'y as-tu fait ? demandait le Père.

– J'ai combattu les ombres des arbres.
Et à la fin de la journée, elles ont battu en retraite !
– C'est le soleil couchant qui les a fait disparaître !
se moquait le frère de Serpolette.
– Tu parles ! Elles se sont rendues à mon courage sans pareil !

Les parents souriaient doucement et le lendemain, ils laissaient leur fillette livrer un nouveau combat aux ombres des arbres, sans contrarier sa nature héroïque.

Les années passaient et toutes les jeunes filles du village se mariaient.
Deux jeunes gars étaient déjà venus demander la main de Serpolette.
« Ma main ! Pas question ! Ma main j'en ai grand besoin
pour me battre et me défendre ! »
Elle avait fini par admettre que les ombres des arbres réapparaissaient chaque matin avec le jour et s'évaporaient la nuit, sans qu'elle ait besoin de les chasser… Et elle avait trouvé un autre ennemi : les reflets !

Toute la journée, elle s'acharnait contre les images trompeuses qui flottaient à la surface du lac, donnant jusqu'à épuisement de grands coups d'épée dans l'eau pour les pourfendre ! En vain !

« Un dragon ! Il y a un dragon dans les parages ! »
Le village était en émoi. On barricadait les chaumières.
On empêchait les enfants de s'aventurer trop loin.
On tremblait à la pensée du monstre… Les hommes les plus vaillants
eux-mêmes se retranchaient derrière leur bravoure :
« Un dragon, on n'en a jamais vu !
Qui sait comment ça se tue ! »

La lune s'était levée, pleine et claire dans le ciel sombre. Serpolette se glissa hors de la maison, suivie par son chien Polisson. Elle avait eu seize ans la veille, et avait reçu comme cadeau un immense saucisson fumé, car c'était un mets dont elle raffolait.

« Voilà une épée peu banale ! se disait-elle en avançant vers la forêt. On va voir si le dragon la trouve à son goût ! » Polisson était beaucoup moins rassuré que sa jeune maîtresse, mais il marchait dans ses pas, ne voulant pas sembler poltron…

À la surface du lac
apparut soudain le dragon.
Gigantesque ! Un nuage de fumée
surgissait de ses naseaux.

Malgré cette vision terrifiante, Serpolette se tourna face au monstre et brandit vers lui le saucisson, dans un geste chevaleresque. Séduit par l'odeur de cette friandise qu'on lui offrait, l'animal l'engloutit sans faire de manières. Et voyant qu'elle ne lui voulait aucun mal, il approcha de Serpolette son mufle fumant pour la réchauffer, car il la voyait trembler…

Elle fut très sensible à cette attention et se mit à lui parler gentiment.
Le dragon répondit par quelques grognements,
mais s'ils ne se comprenaient pas encore complètement,
ils sentaient qu'une grande confiance les liait.

Quant au chien Polisson, quand il fut certain
que cette bête était inoffensive, il s'approcha prudemment
en bon protecteur de sa maîtresse
et mêla ses jappements
à leur conversation.

Le lendemain, Serpolette fut sacrée Chevalière, ouvrant ainsi la voie à celles qui ne gardent pas leur courage dans leur poche. Elle avait inventé un nouveau genre de combat : l'apprivoisement !

Le dragon a élu domicile près du village, et tous les jours il déguste un saucisson que vient lui porter Polisson. Celui-ci ressort toujours de ses visites avec quelques poils roussis, mais qu'importe ! Être le chien de garde d'une Chevalière, ça vaut bien quelques petits sacrifices !

Chagr(o)in de princesse…

Rosie, la jolie petite princesse cochonnette,
n'était certes pas parfaite.
Elle était un peu grassouillette, mais très coquette.
Et elle avait des yeux noisette
à vous faire tourner la tête…
La princesse Rosie vivait au pays des Tirebouchons,
un royaume peuplé de cochons.
Comme toute princesse qui se respecte,
elle attendait son prince charmant…

Rosie passait ses journées à feuilleter des magazines en compagnie de sa meilleure amie, la duchesse Truffette. Elle adorait lire « Porcinette Magazine ». Chaque semaine, elle y retrouvait les aventures de la princesse Porchia, une mystérieuse princesse étrangère. Elle partageait ses joies, ses peines et ses amours. Au fil des numéros, elle avait l'impression que Porchia était devenue son amie.

Un jour, quelle ne fut pas sa surprise quand elle découvrit dans son magazine préféré que Porchia s'était fait refaire le groin. Porchia confiait aux lecteurs :

« Avec mon nouveau groin, je vois la vie en rose. J'ai rencontré le grand amour : je vais épouser le prince Jambonneau. »

– C'est donc ça, le secret du bonheur ! s'écria Rosie.

Elle qui n'avait jamais prêté attention à son groin,
se précipita devant le miroir de sa chambre et hurla :
– Mon groin est trop gros, il est monstrueux !
Avec cette horreur au milieu de la figure,
je ne trouverai jamais le prince charmant !
C'est certain, je dois me faire opérer du groin.

Truffette tenta de la calmer :
– Tu ne vas quand même pas croire tout ce que disent les journaux !
Si ça se trouve, le prince Jambonneau n'existe pas.
– Ah bon, et pourquoi est-il en photo alors ? répondit Rosie.
– Pour nous faire rêver, ajouta Truffette. Mais plutôt que de te faire opérer, laisse-moi faire ! J'ai une idée pour transformer ton groin en nez retroussé.
Et Truffette appliqua un énorme pansement sur le groin de Rosie.
– Conserve-le une semaine, jour et nuit, et c'est promis, tu ne seras pas déçue ! dit-elle.

Malheureusement, quand elle enleva le pansement, Rosie était couverte de boutons et son groin, lui, n'avait rien d'un joli nez retroussé. Truffette était désolée. Rosie était désespérée, et plus que jamais décidée à se faire opérer.

Elle nota le nom de deux célèbres chirurgiens dans « Porcinette Magazine ».
Accompagnée de Truffette, elle se rendit à la luxueuse clinique du docteur Bistouri. Il apparut, une énorme paire de ciseaux à la main.
Il examina Rosie et déclara :
– Il faut tout couper : le groin, les oreilles.
Il faut redessiner la bouche, remodeler les yeux, raffermir les joues, remonter le front, affiner le menton…

Avec toutes ces opérations, le docteur Bistouri était sûr de gagner beaucoup d'argent et de s'offrir la voiture de course de ses rêves.
– Nous allons opérer immédiatement ! s'écria-t-il en approchant ses énormes ciseaux des joues de Rosie.
Mais Rosie en avait assez entendu. Elle voulait bien se faire refaire le groin, mais ses yeux, personne n'y toucherait. C'était ce qu'elle avait de plus précieux. Suivie de Truffette, elle prit ses jambes à son cou.

La princesse Rosie se rendit chez le professeur Piquouze.
– Je suis le meilleur chirurgien du royaume et je vais vous le prouver ! dit-il.
Il entraîna Rosie et Truffette dans une gigantesque galerie où les murs étaient tapissés de centaines de photos de cochonnettes opérées du groin.

– Admirez ma plus belle réussite : le modèle Porchia, très à la mode, si ac-tu-el !
Soudain, Rosie faillit s'évanouir : tous les visages exposés se ressemblaient.
Ils étaient la copie conforme de la princesse Porchia.

– Attendez, s'écria le professeur Piquouze, vous n'avez pas encore vu les portraits de cochons que j'ai opérés. Mon plus gros succès est le modèle Jambonneau !

Et là, devinez… tous les visages exposés étaient des reproductions exactes du prince Jambonneau !

– Quelle horreur, professeur ! Vous n'êtes qu'un copieur !
Comment peut-on aimer les visages que vous fabriquez ?
s'écria Truffette.

Furieuse, Rosie ajouta :
– Je préfère garder mon groin grassouillet et ne ressembler à personne.
Pour être heureuse, je n'ai pas besoin de modèle.

Et ce soir-là, en s'endormant, la princesse Rosie se dit qu'elle n'épouserait qu'un prince charmant qui trouverait son groin craquant !

Certifié PEFC
Ce produit est issu de forêts gérées durablement et de sources contrôlées.
PEFC/01-31-246
www.pefc.org

Achevé d'imprimer en juillet 2019
par Canale en Roumanie.
N° édition : J19235
Dépôt légal : octobre 2019